BEI GRIN MACHT SICH IHR WISSEN BEZAHLT

- Wir veröffentlichen Ihre Hausarbeit,
  Bachelor- und Masterarbeit

- Ihr eigenes eBook und Buch -
  weltweit in allen wichtigen Shops

- Verdienen Sie an jedem Verkauf

Jetzt bei www.GRIN.com hochladen und kostenlos publizieren

Teresa Schenk

Aus der Reihe: e-fellows.net schüler-wissen

e-fellows.net (Hrsg.)

Band 31

Soziale Gerechtigkeit im Film "In Time"

Die Währung Zeit in Andrew Niccols Film „In Time". Eine filmische Darstellung sozialer Ungerechtigkeiten kapitalistischer Systeme

GRIN Verlag

Bibliografische Information der Deutschen Nationalbibliothek:

Die Deutsche Bibliothek verzeichnet diese Publikation in der Deutschen National-
bibliografie; detaillierte bibliografische Daten sind im Internet über http://dnb.d-
nb.de/ abrufbar.

Impressum:

Copyright © 2013 GRIN Verlag GmbH
Druck und Bindung: Books on Demand GmbH, Norderstedt Germany
ISBN: 978-3-656-58896-2

Dieses Buch bei GRIN:

http://www.grin.com/de/e-book/268359/soziale-gerechtigkeit-im-film-in-time

GRIN - Your knowledge has value

Der GRIN Verlag publiziert seit 1998 wissenschaftliche Arbeiten von Studenten, Hochschullehrern und anderen Akademikern als eBook und gedrucktes Buch. Die Verlagswebsite www.grin.com ist die ideale Plattform zur Veröffentlichung von Hausarbeiten, Abschlussarbeiten, wissenschaftlichen Aufsätzen, Dissertationen und Fachbüchern.

Besuchen Sie uns im Internet:

http://www.grin.com/

http://www.facebook.com/grincom

http://www.twitter.com/grin_com

Seminararbeit

Die Währung Zeit in Andrew Niccols Film „In Time". Eine
filmische Darstellung sozialer Ungerechtigkeiten
kapitalistischer Systeme

Verfasserin: Teresa Schenk

Gliederung

1. Soziale Gerechtigkeit in Deutschland

In Deutschland wird über das Thema soziale Gerechtigkeit viel diskutiert, es ist ein wichtiges Wahlkampfthema, vor allem für die SPD und die Grünen, die durch höhere Steuern für die Reichen für mehr Gleichheit in Deutschland sorgen wollen. Laut Armuts- und Reichtumsbericht der Bundesregierung besitzen die reichsten 10% der Bevölkerung mehr als die Hälfte des privaten Vermögens, also Bargeld, Aktien und Immobilien. Im Gegensatz dazu besitzen die ärmeren 50% lediglich 1% des privaten Vermögens.[1] Viele Menschen stellen sich die Frage, ob eine derartige Verteilung von Ressourcen gerecht ist. In der folgenden Arbeit wird anhand des Filmes „In Time"[2] das Thema soziale Gerechtigkeit diskutiert. In dem Science-Fiction-Thriller zeigt Regisseur und Drehbuchautor Andrew Niccol die Probleme einer ungerechten Gesellschaft auf. Der Film ruft dazu auf, ein sozial gerechteres System einzuführen. Damit spricht Niccol ein wichtiges Thema der modernen politischen Philosophie an. Rawls meinte sogar, dass soziale Gerechtigkeit „the first virtue of social institutions"[3] sei.

In dieser Seminararbeit wird zuerst das Thema dieser Arbeit vorgestellt und dann der Filminhalt skizziert. Als Nächstes wird soziale Gerechtigkeit als philosophisches Thema geschildert. Dabei erfolgt zunächst die Definition von sozialer Gerechtigkeit. Wenngleich weitgehende Einigkeit über die Definition der Gerechtigkeit im Abstrakten besteht, so gibt es wesentliche philosophische Auseinandersetzungen über die konkrete Ausdeutung dieses Konzepts. Die verschiedenen Standpunkte der beiden Philosophen John Rawls und Robert Nozick zu diesem Thema werden eingeführt und erläutert. Hierbei wird auf das Buch „Political Philosophy" von Adam Swift zurückgegriffen, welches einen guten Überblick über die verschiedenen Meinungen zu sozialer Gerechtigkeit bietet. Diese Theorien werden außerdem mit dem im Film dargestellten kapitalistischen System verglichen. Die darauf folgende

---

[1] Vgl. Janssen, Hauke: Münchhausen-Check: das Kleingedruckte im Armutsbericht. in: http://www.spiegel.de/politik/deutschland/faktencheck-zum-armuts-und-reichtumsbericht-der-bundesregierung-a-887422.html (Zugriff: 24.10.2013).

[2] In Time: deine Zeit läuft ab (2012). Niccol, Andrew. DVD. 105 Minuten. Frankfurt/ Main: Twentieth Century Fox Home Entertainment.

[3] Zit. nach Swift, Adam: Political Philosophy. Cambridge 2006, S.10.

Filmanalyse, die sich sowohl mit dem Inhalt als auch mit den filmischen Mitteln befasst, beginnt mit der Erläuterung der Folgen dieses Systems. Hierbei wird ins besonders auf die im Film gezeigten Armutsmerkmale, wie der Verlust des moralischen Handelns und die damit verbundene hohe Kriminalitätsrate, eingegangen. Auch der Teufelskreis der Armut, der sozialen Aufstieg fast unmöglich macht, wird im Film veranschaulicht. Dabei unterstreichen filmische Mittel die Kontraste zwischen Arm und Reich. Zudem wird erklärt, dass die Probleme der armen Bevölkerung, die durch die soziale Ungerechtigkeit entstehen, durch die Währung Zeit verschärft werden. Um die Filmanalyse abzurunden, wird die Lösung der Protagonisten skizziert und kritisch diskutiert. Zuletzt wird die Botschaft des Regisseurs zusammengefasst und die Übertragbarkeit auf die heutige Zeit deutlich gemacht.

2. Inhalt des Films

Der Film „In Time" beschreibt ein Wirtschaftssystem, in dem Zeit die neue Währung ist und jeder Mensch eine implantierte Uhr trägt, auf der seine restliche Lebenszeit angezeigt wird. Mit dem 25. Lebensjahr stoppt der Alterungsprozess und die Zeit auf der Lebensuhr läuft ab. Als Startkapital bekommt jeder Bürger zunächst nur ein zusätzliches Jahr. Jede weitere Stunde muss durch Arbeit verdient werden. Kennzeichnend für das Wirtschaftsystem ist die große Schere zwischen Arm und Reich. Während Mitglieder der obersten Schicht fast unsterblich sind, müssen die Menschen in den Ghettos jeden Tag hart arbeiten, um den nächsten Tag überleben zu können. In diesen Zonen wird der Tod zum Alltag. Der Protagonist, Will Salas, erkennt die Ungerechtigkeit des Systems und reist mithilfe der von einem wohlhabenden Mann geschenkten Zeit zum Wohnort der Reichen. Als er merkt, dass er aufgrund der geschenkten Zeit von einem „Timekeeper" - einem Wächter des kapitalistischen Systems - verfolgt wird, entführt er Sylvia, die Tochter eines reichen und einflussreichen Mannes und flieht zusammen mit ihr zu seinem Heimatort. Verfolgungsjagden, die beginnende romantische Beziehung zwischen Will und Sylvia und Gespräche über die unterschiedlichen Erfahrungen in dem System der beiden Hauptdarsteller kennzeichnen den weiteren Verlauf des Filmes. Gegen Ende des Filmes überfallen sie gemeinsam Banken, um die erbeutete Zeit unter den Armen zu verteilen.

3. Sequenzprotokoll

Szene	Zeit	Inhalt
1	00:00:00	Einführung zum System: Will und seine Mutter unterhalten sich
2	00:03:40	Erhöhung der Lebenskosten, Wills Arbeit
3	00:05:37	Wills Rettung eines reichen Mannes vor den Minutemen
4	00:10:25	Erklärung des Systems und Zeitgeschenk durch den reichen Mann
5	00:18:13	Tod von Wills Mutter
6	00:21:23	Wills Fahrt nach New Greenwich
7	00:28:38	Wills Sieg gegen Philippe Weis im Casino
8	00:33:18	Party von Philippe Weis
9	00:39:13	Wills Flucht vor den Timekeepern und Entführung von Sylvia
10	00:49:27	Ankunft in Dayton
11	00:59:18	Sylvias Anruf an ihren Vater und Flucht von Will und Sylvia wegen Ankunft des Timekeepers
12	01:03:00	Diebstahl eines Autos durch Will und Sylvia und Unterhaltung zwischen Weis und Timekeeper
13	01:08:24	Bankraub und Verteilung der gestohlenen Zeit an die Armen
14	01:12:01	Verfolgung der beiden durch den Timekeeper
15	01:17:03	Kampf zwischen Will und Minutemen, Sieg Wills
16	01:24:37	Wills Verzweiflung wegen Erhöhung der Lebenskosten und Aussichtslosigkeit der Armen trotz verteilter Zeit
17	01:25:42	Raub von Philippe Weis' Zeit durch die beiden und Verteilung der Millionen Jahre an die Armen
18	01:32:27	Verfolgung der beiden durch den Timekeeper und Tod des Timekeepers
19	01:27:00	Zusammenbruch des Systems wegen verteilter Zeit

4. Soziale Gerechtigkeit als philosophisches Thema

4.1 Definition

Um die soziale Gerechtigkeit im Film analysieren zu können, wird zuerst eine Definition dieses Begriffes benötigt. Das Wort „sozial" bezieht sich auf eine

Gesellschaft und da der Staat die Regeln der Gesellschaft bestimmt, ist es seine Aufgabe, Gerechtigkeit in dieser Gesellschaft herzustellen. Er ist berechtigt, Bürger durch Gesetze zu verpflichten, gerecht zu sein, da er laut Swift „der kollektive Vertreter aller Bürger [ist], die die Gesetze bestimmen"[4]. Somit repräsentiert der Staat seine Bürger und darf infolgedessen für sie Entscheidungen treffen. Mit Gerechtigkeit ist laut Swift gemeint, dass die Bürger das bekommen, was ihnen zusteht und das, was ihnen nicht zusteht, nicht bekommen. Dabei muss man zwischen Wohltätigkeit und Gerechtigkeit unterscheiden. Wohltätigkeit bezeichnet moralisch gute Handlungen, doch diese fallen nicht unter die Aufgaben des Staates, da das, was moralisch gut wäre, einer Person zu geben, nicht gleichzeitig dieser Person auch zusteht. Zustehen bedeutet, dass man auf etwas Anspruch hat, meist weil man es sich verdient hat. Das Problem bei der Anwendung der genannten Definition liegt darin, dass die Meinungen dazu, was Menschen zusteht, sehr verschieden sind. Zwei wichtige Männer des 20. Jahrhunderts, die ihre Meinungen zu diesem Thema geäußert haben, waren die beiden amerikanischen Philosophen John Rawls und Robert Nozick.[5]

4.2 John Rawls: Gerechtigkeit als Gleichheit

John Rawls, der von 1921 bis 2002 lebte, hat die politische Philosophie stark verändert; während vor seiner Zeit politische Philosophie die „Geschichte von politischem Denken" und die „Analyse der Bedeutung von politischen Konzepten"[6] bedeutete, wurden nach Rawls gesellschaftliche Systeme entworfen, welche das Leben in einer Gesellschaft verbessern sollten. Er veränderte also das Verhalten der politischen Philosophie von deskriptiv zu normativ, da er anstatt die vorhandenen politischen Systeme zu beschreiben, neue Systeme und Regeln aufstellte.[7] Rawls schrieb zwei große Bücher mit den Titeln „Theory of Justice" und „Political

---

[4] Ebd, S.13. (Übersetzung von Teresa Schenk).

[5] Vgl. ebd, S.11-14.

[6] Ebd, S.10.

[7] Vgl. ebd, S.10.

Liberalism", in denen er seine Gerechtigkeitstheorie beschrieb.[8] Er war Links-Liberaler, also ein Befürworter der Umverteilung.

Rawls war der Meinung, dass „alle Individuen [...] frei sein [sollten], die Leben ihrer Wahl zu leben"[9]. Dieser Zustand ist, laut Rawls, nur dann erreichbar, wenn die Ressourcen fair umverteilt werden. Um herauszufinden, was fair ist, überlegte sich Rawls ein Gedankenexperiment. Er stellte sich vor, dass alle Menschen unter einem „Schleier des Nichtwissens"[10] wären. Das bedeutet, dass alle Menschen nicht wüssten, wer sie sind, das heißt sie würden ihre Talente, ihren Hintergrund und ihre Vorlieben nicht kennen.[11] Das Einzige was ihnen bliebe, wäre die „Fähigkeit, ihre Vorstellung des Guten zu umrahmen, überarbeiten und verfolgen"[12]. Mit der Idee des Schleiers wird offensichtlich, dass Rawls eine Verbindung zwischen Nichtwissen und Fairness machte. Seine Überlegung war, dass indem man sein eigenes Interesse schützt, man Prinzipien bestimmen würde, die einem möglichst gute Chancen geben, unabhängig davon, was für eine Identität man hat, da man seine eigene Identität nicht kennt.[13] Durch Kooperation miteinander würden die Menschen unter dem Schleier des Nichtwissens faire Prinzipien für den Staat bestimmen. Die Prinzipien, die dabei entstehen würden, wären laut Rawls die folgenden:

„1. Jeder Mensch hat gleiches Recht auf das umfangreichste Gesamtsystem gleicher Grundfreiheiten

2. Soziale und wirtschaftliche Ungleichheiten müssen folgendermaßen beschaffen sein:

(a) sie müssen unter der Einschränkung des gerechten Spargrundsatzes den am wenigsten Begünstigten den größtmöglichen Vorteil bieten, und

---

[8] Vgl. ebd, S.21.

[9] Ebd, S.29.

[10] Ebd, S.21.

[11] Vgl. ebd, S. 22.

[12] Ebd, S.22.

[13] Vgl. ebd, S. 22.

(b) sie müssen mit Ämtern und Positionen verbunden sein, die allen gemäß fairer Chancengleichheit offen stehen.""[14]

Die Prinzipien sagen aus, dass jeder Mensch gleiches Recht auf bestimmte Grundfreiheiten hat und es nur soziale und wirtschaftliche Ungleichheiten geben darf, wenn Chancengleichheit besteht und wenn auf diese Weise die am wenigsten Begünstigten profitieren. Das Prinzip, das aussagt, dass die am wenigsten Begünstigten von den wirtschaftlichen Ungleichheiten profitieren, nennt sich Differenzenprinzip und funktioniert, indem durch die Ungleichheiten Anreize zu arbeiten geschaffen werden, welche dazu führen, dass die Gesellschaft produktiver wird und das Geld, das durch die produktive Gesellschaft zustande kommt, durch Steuern an die am wenigsten begünstigten Bürger umverteilt werden kann.[15]

4.3 Robert Nozick: Gerechtigkeit als Anspruch auf Eigentum

Ein weiterer Philosoph, der sich mit dem Thema der sozialen Gerechtigkeit beschäftigte, war Robert Nozick, der 1938 geboren wurde und 2002 starb. Er verfasste ein Buch mit dem Titel „Anarchy, State and Utopia", worin er Rawls stark kritisierte. Im Gegensatz zu Rawls war er Rechts-Liberaler und bestand auf das Recht auf Eigentum.[16]

Seiner Meinung nach ist es möglich, drei verschiedene Arten von Dingen zu besitzen. Erstens kann man sein eigenes Selbst besitzen, das heißt seine eigenen Talente, seine Attribute und seine Arbeit. Zusätzlich können Menschen die Teile der materiellen Welt besitzen, beispielsweise Land oder Mineralien, indem sie sich unbesetztes Land aneignen oder es von einem Besitzer übertragen bekommen. Zuletzt ist es möglich, Gegenstände zu besitzen, die von Menschen gemacht werden, indem diese die materielle Welt bearbeiten, womit Güter wie Stifte oder Computer gemeint sind. Nozick stellt sich vor, dass man Eigentum erwirbt, indem man seine Arbeit im Gegenzug dafür anbietet. An dieser Stelle geht Nozick darauf ein, dass in der Geschichte oft ungerechte Transfere gemacht worden sind, die nicht seinem Ideal entsprechen. Damit meint er zum Beispiel die Ausbeutung der Indianer. Aus diesem

---

[14] Ebd, S.24.

[15] Vgl. ebd, S. 24-25.

[16] Vgl. ebd, S. 30.

Grund überlegt Nozick, ob es sinnvoll wäre, am Anfang die Güter unter allen Menschen gleichmäßig zu verteilen, um einen gerechten Ausgangspunkt herzustellen.[17]

Grundsätzlich glaubte Nozick an den von Ferdinand Lasalle geprägten Begriff des „Nachtwächterstaates". Mit diesem Ausdruck wird ein Staat beschrieben, der nicht in den Wirtschaftsprozess eingreift, also keine Ressourcen umverteilt, sondern lediglich den Schutz von Eigentum garantiert.[18] Nozick begründet diese Haltung durch mehrere Argumente. Erstens stellt er fest, dass Güter von Menschen produziert werden und leitet daraus ab, dass die Güter diesen Menschen oder den Menschen, die die Güter bezahlen, auch gehören und folglich nicht umverteilt werden dürfen. Er behauptet außerdem, dass jeder Mensch einzigartig ist, da man bestimmte Talente und Attribute besitzt. Deswegen muss die Entscheidung einem selbst überlassen werden, ob man die Ergebnisse dieser Attribute (im Regelfall Geld) mit Mitmenschen teilt.[19] Ein weiteres Argument ist die Verletzung der Selbstzweckformel von Kant. Die Formel besagt, dass ein Mensch nicht als Werkzeug zum Zweck eines anderen benutzt werden darf. Nozick behauptete aber, dass durch eine Umverteilung der Ressourcen die Selbstzweckformel verletzt wird. Der Zweck der Umverteilung sind die ärmeren Menschen, die von den Ressourcen der anderen profitieren. Doch die Menschen, deren Ressourcen genommen werden, werden als Mittel zu diesem Zweck benutzt. Sie dienen also nur als Werkzeug. Letztlich führte Nozick das Argument auf, dass Freiheit mit Gleichheit konkurriert. Würde man Geld unter allen Menschen gleichmäßig verteilen, aber den Menschen die Freiheit lassen, dieses Geld an andere Menschen weiterzugeben, im Gegenzug zu Gütern oder Dienstleistungen, würde letztendlich die gleichmäßige Verteilung wieder aufgelöst werden und es würden wieder Ungleichheiten entstehen, da die Menschen, die die besten Güter und die besten Dienstleistungen anbieten, viel Geld bekommen würden, während andere Menschen wenig Geld verdienen würden. Aus dieser Idee leitet er ab, dass wenn die ursprüngliche Umverteilung gerecht war, und man der Freiheit, das Geld auszugeben, zustimmt, auch das Ergebnis des freiwilligen

---

[17] Vgl. ebd, S. 31-33.

[18] Vgl. Kalteis, Rainer; Neumeier, Gerald: Saldo 11: Wirtschaft und Recht. Braunschweig 2009, S.90.

[19] Vgl. Swift: Political Philosophy, S. 30-31.

Geldaustauschs gerecht sein muss.[20] Diese Argumente zeigen, dass auch strukturelle Ungleichheiten gerecht sein können, da Gerechtigkeit nur darin besteht, Eigentumsrechte zu respektieren.[21]

5. Vergleich der philosophischen Theorien mit der Darstellung von sozialer Gerechtigkeit im Film

Es wird ersichtlich, dass die beiden Philosophen sehr unterschiedliche Ansichten über Gerechtigkeit hatten. Obwohl für beide Philosophen Freiheit eine wichtige Rolle spielte, war für Rawls auch Gleichheit sehr bedeutend. Er glaubte, dass jeder Verstoß dagegen explizit begründet werden müsste und er war ein großer Befürworter der Umverteilung. Im Gegensatz dazu lehnte Nozick ein Eingreifen des Staates durch Umverteilung entschieden ab und bestand auf das Recht auf Eigentum. Nozicks entworfene politische Gesellschaft ähnelt dem System im Film. Hierbei handelt es sich um eine Art des Kapitalismus.

Die Gesellschaft, in der Will Salas lebt, ist laut Philippe Weis, dem reichen Vater von Sylvia, sozialdarwinistisch geprägt (Szene 7). Der Begriff „Sozialdarwinismus" bezieht sich auf eine gesellschaftliche Form der darwinistischen Evolutionstheorie.[22] Die Idee, dass nur die Spezies überleben, die am besten angepasst sind, wird auf die Menschheit übertragen. Die Menschen, denen es möglich ist, viel Zeit zu verdienen, leben ewig, während die Menschen, die weniger Glück haben, sterben müssen. Dies führt zu starken Ungleichheiten innerhalb der Gesellschaft. In vielerlei Hinsicht ähnelt dieses kapitalistische System dem von Nozick entworfenem System, weil es keine staatlichen Eingriffe gibt, also keine Umverteilung der Ressourcen, und alle Menschen ihr Eigentum behalten. Jedoch entspricht die Gesellschaft, die im Film gezeigt wird, nicht der realistischen und idealen Umsetzung von Nozicks Prinzipien, da einerseits der Ersatz des Geldes mit Zeit die Folgen der Armut noch drastischer erscheinen lässt und anderseits Nozick eine Manipulation des Systems durch die Reichen nicht vorgesehen hat. In „In Time" erhalten und verbessern die Reichen

---

[20] Vgl. ebd, S. 35-36.

[21] Vgl. ebd, S. 34.

[22] Vgl. Astor, Ellen; Ballenweg, Stephan: Der Brockhaus in fünfzehn Bänden. Band 13. Leipzig – Mannheim 1999, S. 153.

ihre gesellschaftliche Position, indem sie beispielsweise die Lebenshaltungskosten für die ärmere Bevölkerung erhöhen (Szene 2). Dies führt oft dazu, dass die untere Schicht ihre gesamte Zeit für Nahrungsmittel ausgeben muss und ihre Uhren auslaufen. Durch dieses häufige Sterben der Menschen aus der Unterschicht sorgt die reichere Bevölkerung dafür, dass genug Zeit und Platz für sie selbst vorhanden ist. Außerdem wurden Zeitzonen eingeführt, die es den Menschen aus den niedrigeren Bevölkerungsschichten unmöglich machen, in eine wohlhabendere Zone zu reisen, da man beim Überqueren der Grenze Zeit abgeben muss. Auf diese Weise wird soziale Mobilität verhindert. So versperren die Reichen, den Armen die Möglichkeit, aufzusteigen und die Position der Reichen einzunehmen. Um das System aufrecht zu erhalten, werden „Timekeeper" engagiert, welche die Funktion haben, für die Einhaltung der von den Reichen aufgestellten Regeln zu sorgen.

Dieser Manipulation würde Nozick nicht zustimmen, da hier die Selbstzweckformel verletzt wird, welche Nozick als Verteidigung seiner Grundsätze anführt, denn die Armen werden als Mittel zum Zweck der Reichen gebraucht. „Für die Unsterblichkeit einiger müssen viele sterben", sagt der 100-jährige Mann, von dem Will Zeit geschenkt bekommt (Szene 4). Hier wird deutlich, dass die Armen ausgebeutet und als Mittel benutzt werden, um den Reichen ein ewiges Leben zu ermöglichen. Nozick wie auch Rawls waren außerdem Verfechter der Freiheit, welche in der im Film dargestellten Gesellschaft eingeschränkt wird. Durch die Zeitzonen wird die Reisefreiheit eingegrenzt, da die Grenzüberschreitungsgebühren als Barrieren dienen, die der Arbeiterklasse die Ausreise unmöglich machen, weil diese nicht genug Zeit haben, um die Gebühren zu bezahlen. Auch die freie Berufswahl ist nicht mehr vorhanden aufgrund der Tatsache, dass es viele Arbeitsplätze nur in den anderen Zeitzonen gibt, welche der Unterschicht versperrt sind.

Da für ihn Gleichheit sehr wichtig war, würde Rawls auch die große Kluft zwischen Arm und Reich, die im Film zu erkennen ist, kritisieren. Außerdem bleiben die Eigentumsverhältnisse, im Gegensatz zur von Rawls vorgeschlagenen Umverteilung der Ressourcen, bestehen. Laut Rawls wäre ein Verstoß gegen die Gleichheit nur zu rechtfertigen, wenn dadurch die am wenigsten Begünstigten profitieren würden. Dies ist in „In Time" jedoch nicht der Fall, da die am wenigsten Begünstigten stattdessen ausgebeutet und manipuliert werden, um den Reichen ein ewiges Leben zu ermöglichen. Zudem wird sein Prinzip der Chancengleichheit verletzt, da die Unterschicht nicht die Chance hat, aufzusteigen und einen besser bezahlten Beruf zu erlangen, weil sie so wenig verdienen und deshalb einerseits nicht die Zeitzone wechseln können und anderseits nicht die Zeit oder die Mittel haben, ihre Kinder zu bilden, um ihnen die Möglichkeit zu geben, später ein besseres Leben zu führen.

6. Filmanalyse

6.1 Folgen des kapitalistischen Systems

Durch den Vergleich der entworfenen philosophischen Prinzipien mit dem System, welches im Film dargestellt wird, werden die Nachteile dieses Systems deutlich. Die schwerwiegendste Folge des im Film beschriebenen Systems ist die große Schere zwischen Arm und Reich. Es wird offensichtlich, dass nur wohlhabende Menschen von dem System profitieren, da die ärmeren Schichten wenig Eigentum haben, das es zu schützen lohnt, und aufgrund eines Fehlens an Umverteilung oft in lebensbedrohliche Lagen kommen.

Ein Hauptproblem für die Menschen der Unterschicht ist die Zeitknappheit, welche durch die implantierte Uhr veranschaulicht wird, die am Anfang des Filmes in einer Detailaufnahme zu sehen ist (Szene 1). Auch die Titel der Produktionsfirma und des Filmes, die zu Anfang erscheinen, werden so gestaltet, dass einzelne Buchstaben durch Zahlen ersetzt werden, welche als Countdown zu sehen sind und damit die Zeitknappheit zusätzlich symbolisieren. Da jede Minute des Lebens der Menschen aus der Unterschicht von ihnen durch Arbeit verdient werden muss, haben diese wenig Zeit für Vergnügung, Freizeit oder Familie. So sagt Will zu seiner Mutter: „Wer hat schon Zeit für eine Freundin?" (Szene 1). Auch für ein Mittagessen reicht die Zeit nur, weil Wills Mutter ihm von ihrer ohnehin schon knappen Zeit etwas abgibt. Dieser Zeitverlust führt später zu ihrem Tod (Szene 5). Die hektische Lebensweise der Armen wird durch die Atmo unterstrichen. In der ersten Szene hört man laute Musik, schreiende Menschen, schnelle Schritte und fahrende Autos, welche alle zum Gefühl von Zeitdruck beitragen. Am Anfang des Filmes fasst Will den Mangel an Zeit zusammen, indem er sagt: „Ich will einfach nur mal mit mehr Zeit aufwachen, als der Tag Stunden hat." (Szene 1). Damit bringt er zum Ausdruck, dass im Ghetto alle Menschen jeden Tag arbeiten müssen, damit sie einen weiteren Tag leben können. Somit sind kranke Menschen gefährdet, da ein Aussetzen der

Arbeit meist den Tod bedeutet. Um überleben zu können, müssen die Menschen im Ghetto immer rennen und sind mit dem Kampf ums Überleben zu beschäftigt, um nachdenken zu können. So sagt Will: „Ich habe keine Zeit, ich habe keine Zeit, darüber nachzudenken, wie es dazu gekommen ist, es ist wie es ist." (Szene 1). Da die Menschen im Ghetto keine Zeit haben, zu überlegen, wie sie ihre Situation ändern könnten, sind sie in der Armut gefangen. Zudem wird ein Ausweg durch die Grenzgebühren und die Erhöhung der Lebenskosten von den Reichen erschwert. Auf diese Weise entsteht ein Teufelskreis für die Ghettobewohner, da jede Hoffnung auf einen Aufstieg durch den Mangel an Ressourcen zerstört wird. Auch für die Kinder der Ghettobewohner besteht wenig Hoffnung, weil die Eltern nicht die Mittel zur Verfügung haben, die Kinder zu bilden. Obwohl die Uhr erst ab dem 25. Lebensjahr zu laufen anfängt, leben dennoch viele Kinder in Armut, da ihre Eltern keine Ressourcen haben, um Essen oder Trinken zu bezahlen.

Diese Aussichtslosigkeit führt zur Verzweiflung der Ghettobewohner, die zu Alkohol greifen, um ihre Probleme auszublenden. So sieht man in einer Nahaufnahme Burrell, Wills Freund, wie er Alkohol in seinen Kaffee schüttet und sich Abends in einer Kneipe betrinkt (Szene 2 und 3). Sein Alkoholismus führt später zu seinem Tod, weil er zu viel Alkohol zu sich nimmt (Szene 10). Um mehr Zeit zu bekommen, versuchen sich viele an Glücksspielen oder kämpfen freiwillig miteinander. Auf diese Weise kann der Gewinner die Zeit des anderen ergattern, doch der Verlierer stirbt, da seine Zeit vom anderen übernommen wird. Einige werden kriminell und überfallen ihre Mitbewohner, um diesen Kampf zu erzwingen. Diese Menschen werden „Minutemen" genannt, da sie die Minuten der anderen stehlen. Die Minutemen verkörpern den oben genannten Sozialdarwinismus auf unterster Ebene, weil sie dafür sorgen, dass im Ghetto sie, also die Stärksten überleben. Das Beispiel dieser Kriminellen zeigt, dass Menschen erst moralisch handeln, wenn ihre Existenz sicher ist, also ein System mit moralischen Grundregeln erst wirklich möglich ist, wenn jeder über ein bestimmtes Grundeinkommen verfügt.

Die Ghettobewohner können es sich nicht leisten, sich gegenseitig zu helfen. Stattdessen kämpft jeder einzig für sein eigenes Überleben. Dieser Mangel an Gruppenzusammenhalt wird deutlich als Wills Mutter in den Bus steigen will, um zurück nach Hause zu fahren, wo Will sie erwartet. Sie hat noch 90 Minuten auf ihrer Lebensuhr, doch die Fahrt kostet zwei Stunden. Obwohl sie dem Busfahrer sagt, dass ihr Sohn den Rest bezahlen wird, lässt der Busfahrer sie nicht einsteigen und die Fahrgäste schauen alle weg. Dies führt dazu, dass auf dem Weg nach Hause ihre Zeit ausläuft und sie stirbt (Szene 5). Diese Einstellung der Menschen wird durch ihre Umwelt gespiegelt; an jedem Fenster sind Gitterstäbe angebracht, alle Türen sind abgesperrt und verriegelt und die Grenzen sind mit hohen Mauern und Stacheldraht umgeben. Diese Sicherheitsvorkehrungen symbolisieren die Abgeschlossenheit, in der die Menschen leben, weil sie ihren Mitmenschen nicht vertrauen können.

Durch die Zeitknappheit und das Kämpfen um Zeit wird der Tod zum Alltag – die Uhren vieler Menschen laufen aus, bevor sie die Möglichkeit haben, mehr dazuzuverdienen und andere werden ausgeraubt. Dies wird schon in der ersten Szene deutlich, in der eine Detailaufnahme der ausgelaufenen Uhr einer Leiche gezeigt wird, an der die Menschen einfach vorbei laufen. Burrells Kommentar dazu lautet: „Schon wieder einer, am helllichten Tag." (Szene 2).

Im Gegensatz zu diesen ärmlichen Verhältnissen haben die Reichen mehr Zeit als sie brauchen. Sie leben im Überfluss: sie haben Privatstrände, die sie nicht benutzen, und kaufen Autos, um mit ihnen zu prahlen (Szene 8). „Die Reichen können ewig leben", sagt Will (Szene 1) und spricht damit die Ungleichheit der Gesellschaft, in der er lebt, an. Während die Armen sich jeden Tag hart erarbeiten müssen, haben die meisten Reichen schon von Geburt an genug Zeit, um Jahrhunderte lang zu leben, ohne ein einziges Mal arbeiten zu müssen. Indizien für den Reichtum der Bewohner von New Greenwich sind deren zahlreiche Wachen und die prunkvolle Einrichtung der Häuser, welche mit Goldstuck verziert sind, und wo Kronleuchter von der Decke hängen. Später im Film behauptet Philippe Weis, der reiche Vater von Sylvia: „Es gibt nichts, was ich nicht kaufen kann." (Szene 12). Mit diesem Satz wird klar, dass die Oberschicht sehr viel Macht hat, da sie genug Zeit hat, um ihren Willen durchzusetzen, indem sie sich alles erkauft. Ein Machtsymbol von Philippe Weis stellt sein Haus dar, welches Ähnlichkeiten mit dem Jupiterpalast in Rom aufweist, welcher aufgrund seiner historischen Bedeutung auch als Vorlage für das weiße Haus diente.

Doch im Laufe des Filmes wird deutlich, dass nicht alle Reichen mit dem System glücklich sind. Beispielsweise sagt der reiche Mann, der zu Anfang des Filmes Will seine Zeit gibt und sich dann von einer Brücke stürzt: „Es kommt der Tag, an dem man genug hat. Der Geist kann verbraucht sein, auch wenn der Körper es nicht ist. Wir wollen sterben." Durch diese Worte erfährt man, dass manche Reiche vom Leiden der Unterschicht nicht nur profitieren, da sie keinen Wunsch verspüren, ewig zu leben. Auch Sylvia äußert sich negativ zu dem Wohlstand der Reichen, indem sie Will erzählt: „Die Uhr ist für niemanden gut. Die Armen sterben und die Reichen leben nicht." (Szene 8). Damit bezieht sie sich auf die Lebensweise der Reichen. Weil sie so viel Zeit zu verlieren haben, verhalten sie sich sehr vorsichtig. Sie haben so viel Angst vor dem Sterben, dass sie sich nicht trauen, etwas zu erleben, bei dem auch nur eine geringe Chance besteht, ums Leben zu kommen. Demnach verbringen die Reichen ihre ganze Zeit mit ihren Wachen und trauen sich nicht einmal in dem nur 100 Meter entfernten Meer zu schwimmen.

Um Ungleichheit und auch den Unterschied zwischen der Lebenssituation der Reichen und den Armen zu illustrieren, benutzt Niccol starke Kontraste zwischen der Zeitzone Dayton, in der Will Salas lebt und dem Wohnort der Reichen, New Greenwich. Während es in New Greenwich viele Villen und Hochhäuser mit großen Glasfenstern gibt, sind die Häuser in Dayton klein und dreckig, Die Fenster sind zerbrochen und die Gitterstäbe verrostet. Auch das Verhalten der Menschen verdeutlicht den Unterschied; im Gegensatz zum entspannten Gehen der Menschen in New Greenwich, rennen die Menschen in Dayton von Ort zu Ort, um keine Zeit auf dem Weg zu verlieren. Auch die Namensgebung der beiden Zeitzonen weist auf den Unterschied in Reichtum und Macht hin. Dayton existiert als Stadt in Ohio, die von Armut geprägt ist. 30% von Daytons Bewohnern leben unter der Armutsgrenze, viele sind arbeitslos und obdachlos.[23] Der Begriff „New Greenwich" bezieht sich auf das königliche Observatorium welches in London liegt. Die Beobachtungsstelle ist der Ausgangspunkt der „Greenwich Mean Time". Dies war bis vor 1928 Weltzeit. Die Uhrzeit von allen anderen Ländern wurde von dieser Standard-Uhrzeit abgeleitet.[24] Der Begriff „Greenwich" wird also mit Macht assoziiert, da alle anderen

---

[23] Vgl. Denton, Paul: Dayton's definition of poverty. in: http://www.examiner.com/article/dayton-s-definition-of-poverty (Zugriff: 24. 10. 2013).

[24] Vgl. Cessna, Abby: Greenwich Mean Time. in: http://www.universetoday.com/42443/greenwich-mean-time/ (Zugriff: 24.10.2013).

Staaten der Welt durch diesen Ort ihre Zeit ableiten. Dass diese Macht sich auf Zeit bezieht, macht die Verbindung zwischen dem realen Ort und der Zeitzone im Film umso deutlicher.

6.2 Kritische Diskussion des Lösungsansatzes der Protagonisten

Will und Sylvia sind empört über die Ungerechtigkeit der Gesellschaft, in der sie leben. Folglich versuchen sie diese zu verändern, indem sie in eine Bank von Sylvias Vater, Philippe Weis, einbrechen und den Bewohnern von Dayton die geraubte Zeit zur Verfügung stellen (Szene 13). Zuerst zeigt diese Strategie keine Wirkung, da die Lebenshaltungskosten erhöht werden und somit die Menschen im Ghetto weniger mit ihrem erworbenen Geld kaufen können. Doch dann entnehmen die beiden eine Million Jahre von Sylvias Vater und verteilen diese Zeit auch in Dayton (Szene 17). Das führt dazu, dass die Bewohner Daytons genug Zeit zu Verfügung haben, um Zeitzonen zu wechseln und vielleicht einen besseren Lebensstandard zu erreichen.

Sylvia und Will legitimieren ihren Lösungsansatz, indem sie behaupten, dass die Zeit der Reichen nicht rechtmäßig ihnen gehört. „Ist es stehlen, wenn es schon gestohlen ist?", fragt Will Sylvia (Szene 11). Damit verweist er auf die Ungerechtigkeit der Tatsache, dass die Reichen ihre Zeit erwerben, indem sie die Armen ausbeuten. Beispielsweise hat Philippe Weis durch den Besitz mehrerer Banken im Armenviertel seine Millionen Jahre verdient. Indem dieser die Zinsen für Darlehen in die Höhe trieb, machte er einen hohen Gewinn. Da die Armen auf die Zeit angewiesen sind, haben sie keine Wahl und sind infolgedessen den Reichen ausgeliefert. Will behauptet: „Es ist niemandes Schuld, womit er geboren wird" (Szene 10), und kämpft deswegen für Chancengleichheit, die er zu erreichen versucht, indem er die vorhandene Zeit umverteilt und somit den Armen die Chance gibt, aufzusteigen.

Das Lösungskonzept der beiden wird jedoch problematisch, als deren verteilte Zeit die Armen zum Opfer von Kriminalität macht. Durch die geschenkten Stunden, Tage und Wochen werden sie zur attraktiven Beute für die Minutemen, welche einige töten. Der Timekeeper gibt einen Kommentar dazu ab: „Versteht er nicht, dass er genau den Menschen schadet, denen er helfen will?" (Szene 14). Fraglich ist auch, ob Will berechtigt war, ein unbeteiligtes reiches Paar zu bestehlen und das Paar ohne Auto und mit nur wenig Zeit auf der Uhr auf der Straße stehen zu lassen (Szene 12).

Doch letztendlich scheint die Umverteilung der Zeit erfolgreich gewesen zu sein, da viele es dadurch geschafft haben, aus dem Ghetto zu entkommen und ihnen jetzt ein neues Leben offen steht.

6.3 Zuspitzung durch die Währung Zeit

Die angesprochenen Probleme werden im Film zugespitzt dargestellt, indem die Währung Geld durch Zeit ersetzt wird. Während in der realen westlichen Welt Geldknappheit meistens nicht den Tod bedeutet, sondern eher eine geringere Lebensqualität, sterben die im Film gezeigten Menschen sofort, wenn ihre Zeit ausläuft. Sie haben keine Chance, die Zeit hinauszuzögern und später mehr zu erwerben. Auf dieser Weise werden die Probleme der Armut, die auch in der realen Welt vorhanden sind, drastischer dargestellt. In der im Film verbildlichten Gesellschaft bedeutet jede ausgegebene Minute nicht nur weniger Kleidung oder Essen, sondern eine Verkürzung der eigenen Lebenszeit. Somit müssen die armen Menschen im Film nicht nur in ärmeren Verhältnissen leben, sie müssen auch dauerhaft um ihr Leben fürchten. Lediglich ein Tag, an dem sie krank sind und nicht arbeiten gehen können, oder steigende Buspreise würden zum sofortigen Tod führen.

7. Zusammenfassung der Botschaft und Übertragbarkeit auf die heutige Zeit

Niccol benutzt den Film, um die Gefahren und Nachteile des Kapitalismus aufzuzeigen und durch die Währung Zeit verstärkt darzustellen. Im Laufe des Filmes deutet er auf die Ungerechtigkeit des Systems und beschreibt die vielen Probleme, die durch die Armut zustande kommen. Indem Niccol die Protagonisten des Filmes so entworfen hat, dass sie das System verändern wollen und eine sozialere Gesellschaft anstreben, beeinflusst er die Zuschauer, den Kapitalismus abzulehnen.

Der Film ist sehr realistisch gestaltet. Statt auf eine Zukunftswelt hinzudeuten, ähneln die Kleidung, die Umgebung und die Tätigkeiten der Menschen der Vergangenheit. Die Fließbandarbeit, die Arbeitskleidung, die kleinen Fenster und die Maschinen erinnern an das Zeitalter der Industrialisierung. Auf dieser Weise verleiht er seiner Warnung vor dem Kapitalismus Ausdruck, da man gezwungen wird, die Verhältnisse im Film als Realität und nicht als reine Dystopie zu betrachten.

Viele der Ungerechtigkeiten kann man tatsächlich auf die heutige Gesellschaft übertragen. Auch in der Realität hängen Reichtum und Gesundheit stark von einander ab, vor allem in Ländern wie den USA, welche stark kapitalistisch geprägt sind und wenig Sozialhilfe anbieten. Ärmere Menschen können sich oft keine teure Medizin oder Krankenversorgung leisten, müssen Arbeiten ausüben, welche körperlich anspruchsvoll sind, wie Bauarbeit oder Fabrikarbeit und haben nicht die Zeit oder das Geld, gesunde Mahlzeiten zuzubereiten. Dies führt dazu, dass deren Lebenserwartung schrumpft.

Auch der Mangel an Chancengleichheit ist in der Wirklichkeit ein Problem. Menschen aus der Unterschicht befinden sich oft in einem Teufelskreis. Obwohl in den westlichen Ländern nahezu jedes Kind auf die Schule geht, haben arme Kinder dennoch schlechtere Chancen als Kinder aus besseren Verhältnissen. Oft haben arme Kinder aufgrund von schlechter Ernährung Konzentrationsprobleme und die Eltern können die Kinder wenig unterstützen, da sie unter anderem nicht genügend Geld haben, um sich Nachhilfe leisten zu können. Später ist oft auch die Universität für Eltern aus der Unterschicht unbezahlbar und so müssen auch die Kinder Niedriglohnjobs nachgehen.

Mit seinem Film weist Niccol auf diese Probleme in der heutigen Gesellschaft hin und macht deutlich, dass es Zeit für eine Veränderung ist.

8. Literaturverzeichnis

8.1 Filmische Quelle

1. In Time: deine Zeit läuft ab (2012). Niccol, Andrew. DVD. 105 Minuten. Frankfurt/ Main: Twentieth Century Fox Home Entertainment.

8.2 Sekundärliteratur

1. Astor, Ellen; Ballenweg, Stephan: Der Brockhaus in 15 Bänden. Band 13. Leipzig – Mannheim 1999.

2. Kalteis, Rainer; Neumeier, Gerald: Saldo 11: Wirtschaft und Recht. Braunschweig 2009.

3. Swift, Adam: Political Philosophy. Cambridge 2006.

8.3 Internetadressen

1. Cessna, Abby: Greenwich Mean Time. in: http://www.universetoday.com/42443/greenwich-mean-time/ (Zugriff: 24.10.2013).

2. Denton, Paul: Dayton's definition of poverty. in: http://www.examiner.com/article/dayton-s-definition-of-poverty (Zugriff: 24. 10. 2013).

3. Janssen, Hauke: Münchhausen-Check: das Kleingedruckte im Armutsbericht. in: http://www.spiegel.de/politik/deutschland/faktencheck -zum-armuts-und-reichtumsbericht-der-bundesregierung-a-887422.html (Zugriff: 24.10. 2013).